Einsterns Schwester

3

Themenheft 3

⭐ Texte planen und schreiben

Herausgegeben von
Roland Bauer, Jutta Maurach

Erarbeitet von
Katrin Baudendistel, Daniela Dreier-Kuzuhara

In Zusammenarbeit mit
der Redaktion Grundschule Deutsch 2–4

Cornelsen

Inhaltsverzeichnis

1 Eine Schreibidee entwickeln

Eine Wörtersammlung erstellen 5

Eine Mind-Map erstellen 6

Eine Wunschfigur beschreiben 7

Zu einer Anregung schreiben 8

Leitfaden: Das Zuhören üben 9

Leitfaden: Das Vortragen üben 10

2 Andere schriftlich informieren

Merkmale eines förmlichen Briefes kennenlernen 11

Einen Brief und eine E-Mail vergleichen 12

Auf eine E-Mail antworten 13

Leitfaden: Andere über ein Thema informieren 14

Andere über ein Thema informieren 15

3 Geschichten planen, schreiben und überarbeiten

Eine Geschichte planen 16

Den Aufbau einer Geschichte erkennen 17

Eine Einleitung schreiben 18

Einen Hauptteil und einen Schluss schreiben 19

Eine passende Überschrift finden 20

Unterschiedliche Satzanfänge nutzen 21

Leitfaden: Eine Erlebnisgeschichte schreiben 22

Leitfaden: Eine Schreibkonferenz durchführen 23

4 Beschreibungen verfassen

Eine Person genau beschreiben 24

Treffende Wörter zuordnen 25

Leitfaden: Eine Personenbeschreibung schreiben 26

Eine Personenbeschreibung schreiben 27

Eine Personenbeschreibung überarbeiten 28

Eine Personenbeschreibung erstellen 29

5 Geschichten nacherzählen

Die Vergangenheitsform üben 30

Die Vergangenheitsform üben 31

Leitfaden: Eine Nacherzählung schreiben 32

Eine Nacherzählung schreiben .... 33 ⭐

Eine Geschichte nachspielen 34

Nacherzählungen beurteilen 35

6 Nach Anregungen schreiben

Wortfelder für das Schreiben von Texten nutzen 36

Wortfelder nutzen: **sagen** 37

Wortfelder nutzen: **gehen** 38

Mit Reizwörtern eine Geschichte erzählen 39

Leitfaden: Eine Reizwortgeschichte schreiben 40

Reizwortgeschichten beurteilen .... 41 ⭐

7 Handlungsabläufe beschreiben

Nach einer Anleitung bauen 42

Eine Handlung beschreiben 43

Leitfaden: Eine Anleitung schreiben 44

Eine Anleitung schreiben 45

Ein Rezept ordnen 46

Ein Rezept zum Lieblingsgericht schreiben .... 47 ⭐

Ein Rezept schreiben 48

Rezepte suchen und am Computer gestalten 49

8 Gedichte schreiben

Ein Haiku kennenlernen 50

Ein Haiku schreiben und präsentieren 51

Ein japanisches Haiku untersuchen 52

Ein Gedicht mit einem Bauplan kennenlernen 53

Ein Parallelgedicht schreiben .... 54 ⭐

Ein Parallelgedicht mit Geräuschen entwickeln 55

Ich bin Lola und helfe dir mit Profitipps.

So kannst du mit den Heften arbeiten

Du machst alle
Seiten der Lernportion 1.

Zuerst im
grünen Heft.

Dann im
roten Heft.

Dann im
gelben Heft.

Und dann im
blauen Heft.

Danach machst du in
allen Heften die Lernportion 2.

Nun machst du in
allen Heften die Lernportion 3.

Genauso bearbeitest du
alle anderen Lernportionen.

In diesem Heft
kannst du den
Grundwortschatz
vertiefend üben.

① Schreibe alle Wörter auf,
die dir zum Thema Zirkus einfallen.

Heft 3, S. 5 ①

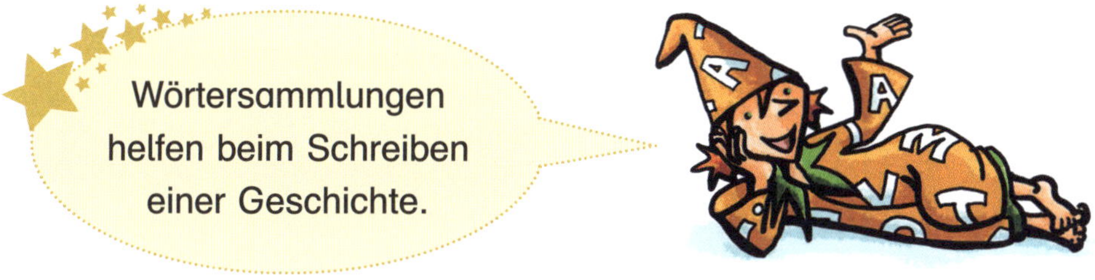

...

Wörtersammlungen
helfen beim Schreiben
einer Geschichte.

② Bitte ein anderes Kind, deine Wörtersammlung zu lesen und zu ergänzen.

③ Überlegt gemeinsam, wie ihr eure Wörter ordnen könnt.

Lernportion 1: Eine Schreibidee entwickeln

1 Ergänze die Mind-Map mit deinen Zirkuswörtern von Seite 5
auf einem Blatt Papier.

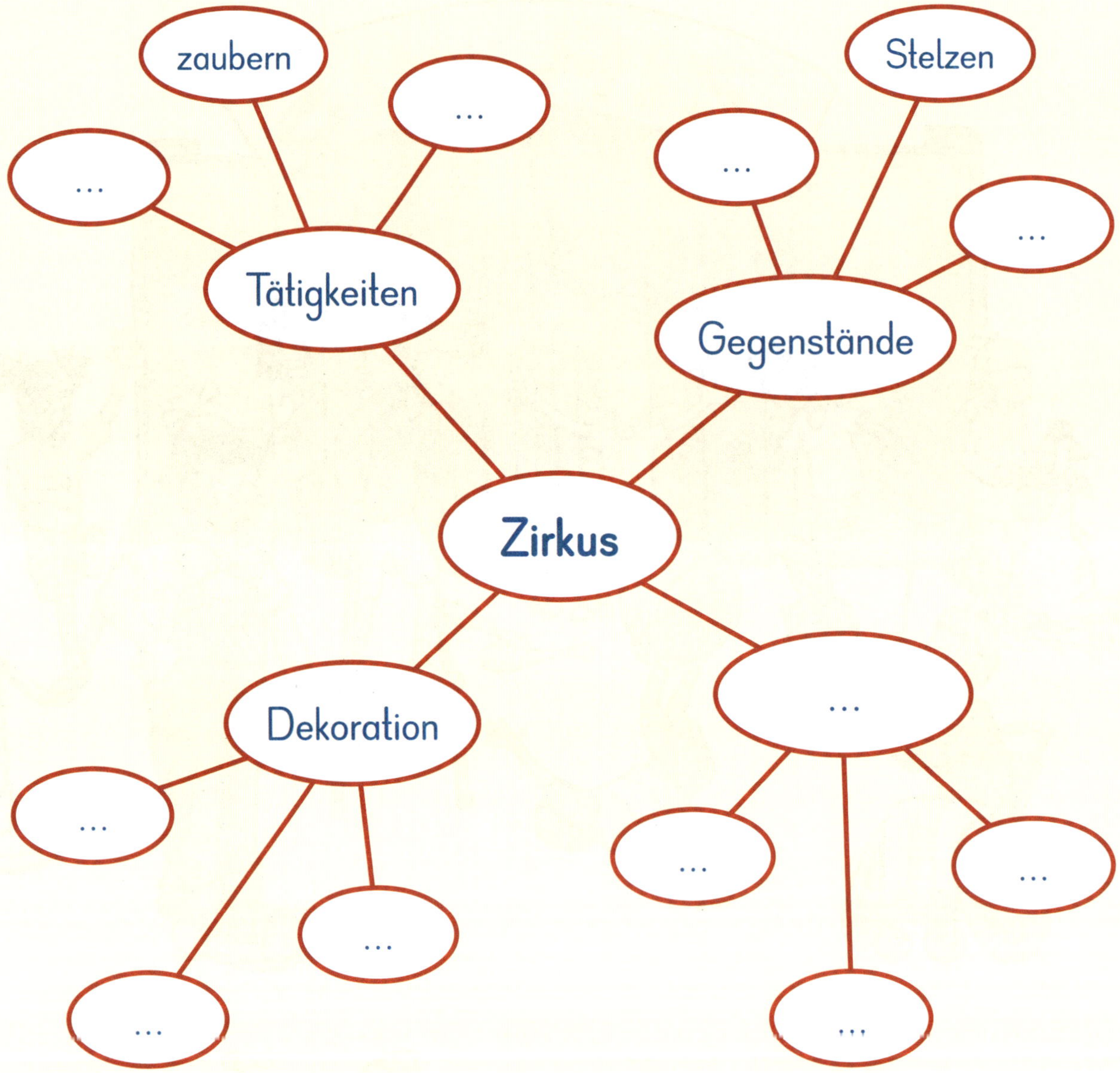

zaubern

...

...

Tätigkeiten

Stelzen

...

...

Gegenstände

Zirkus

Dekoration

...

...

...

...

...

...

...

2 Schreibe in fünf Sätzen auf, was dir bei
einem Zirkusprojekt Spaß machen würde.
Begründe.
Du kannst dazu die Wörter aus **1** nutzen.

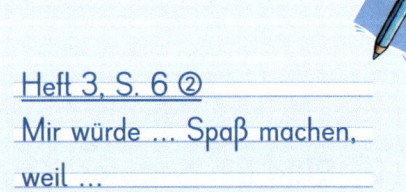

Heft 3, S. 6 ②
Mir würde ... Spaß machen,
weil ...

 3 Stellt euch eure Texte aus **2** gegenseitig vor.

Lernportion 1: Eine Schreibidee entwickeln

① Überlege, wer du am liebsten sein würdest.
Schreibe fünf Minuten lang Stichwörter zu deiner
Wunschfigur auf. Du kannst die Bilder nutzen.

Heft 3, S. 7 ①
Wunschfigur: ...
– ...
– ...

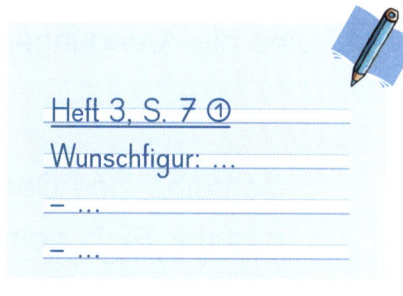

Forscherin,
Labor, experimentieren,
klug ...

② Schreibe deine Gedanken zu deiner Wunschfigur
in Sätzen auf. Nutze die Stichwörter aus ①.

Heft 3, S. 7 ②
...

③

Ich heiße König Richard.
Ich lebe in einem goldenen Palast.
Ich esse jeden Tag ...

① Lies die Anregungen zum Schreiben einer Geschichte.

Schreibe eine Geschichte
aus der Sicht deines Haustieres.

Wähle eine Überschrift aus einer
Zeitschrift und schreibe dazu.

Nimm dir einen Gegenstand, der dir
etwas bedeutet. Erzähle eine Geschichte
aus der Sicht dieses Gegenstandes.

Beschreibe die Begegnung mit einem Menschen,
den du gern einmal treffen möchtest.

Schreibe zu einem Bild.

② Tauscht euch über die Anregungen in ① aus und überlegt,
was ihr dazu schreiben könntet.

③ Wähle eine Anregung aus ① aus.
Schreibe dazu eine Geschichte.

Heft 3, S. 8 ③
...

Lernportion 1: Eine Schreibidee entwickeln

So höre ich zu:

1. Vor dem Vortrag
   Ich setze mich bequem hin und **bin** ganz **ruhig**.
   Ich schaue die vortragende Person an.
   Ich überlege, um welches Thema es im Vortrag
   geht, und **konzentriere mich**.

2. Während des Vortrags
   Ich höre aufmerksam **zu** und denke mit.
   Ich achte nur auf den Vortrag und
   lasse mich nicht ablenken.
   Fragen merke ich mir für später.

3. Nach dem Vortrag
   Ich stelle meine **Fragen**.
   Ich sage, was mir gut gefallen
   hat, und **gebe Tipps**.

Notizen
können beim Zuhören
hilfreich sein.

① Überlegt, welche Aussagen richtig und welche Aussagen falsch sind.
Tauscht euch aus.

A Vor dem Vortrag hole ich etwas zu trinken und zu essen.

B Ich nehme meine Zuhörposition ein und bin ganz ruhig.

C Ich spreche während des Vortrags mit einem anderen Kind.

D Wenn ich eine Frage habe, stelle ich sie gleich, damit ich sie nicht vergesse.

E Nach dem Vortrag stelle ich meine Fragen und gebe eine Rückmeldung.

Lernportion 1: Eine Schreibidee entwickeln

Plenum: Zuhörstrategien entwickeln

So trage ich einen Text vor:

1. **Ich stehe auf** und beginne erst, wenn alle ruhig sind.

2. **Ich formuliere** einen Einleitungssatz.
Ich möchte euch vorstellen, wie mein Leben als … aussehen würde.

3. **Ich trage** meinen Text **vor**.
Ich **spreche** dabei **langsam**, **laut** und **deutlich**.

4. **Nach jedem Satz** mache ich eine **kurze Pause** und schaue von meinem Text auf.

① Trage den Text zu deiner Wunschfigur von Seite 7, Aufgabe ②, mit Hilfe des Leitfadens vor.

②

Lernportion 1: Eine Schreibidee entwickeln

Plenum: Merkmale eines gelungenen Vortrags nennen
MK-Tipp: eine Präsentation aufnehmen

D 26

① Lies den Brief.

1 | Klasse 3a
der Sonnenschule
Lindenstraße 22
23456 Neustadt

Straßenverkehrsamt
Hauptstraße 4
23436 Neustadt

2

Neustadt, den 15. September 2023

3

Wunsch

4

Sehr geehrte Damen und Herren,

vor unserer Schule fahren immer sehr viele Autos. Das ist gefährlich für uns. Wir wünschen uns eine Ampel oder einen Zebrastreifen, damit wir sicher über die Straße gelangen können.

5

Mit freundlichen Grüßen

Klasse 3a

② Ordne den Begriffen die Erklärungen zu.

1	Absender		2	Empfänger

3	Betreff		4	förmliche Anrede

5	förmliche Grüße

Heft 3, S. 11 ②
1: Absender – Person, ...
2: ...

Person, die einen Brief erhalten soll

Grund einer schriftlichen Nachricht

freundliche Verabschiedung

Person, die einen Brief verschickt

Anrede einer Person mit Nachnamen oder mit „Sehr geehrte Damen und Herren"

 ① Lest die E-Mail.
Vergleicht die E-Mail mit einem Brief.
Findet Unterschiede.

An:	training.maier@beispiel.de
Cc:	hanna.blume@beispiel.de
Betreff:	Anmeldung zu den E-Junioren

Sehr geehrte Frau Maier,

meine Freundin Hanna und ich möchten uns gern für das Fußballtraining der E-Junioren anmelden. Bitte teilen Sie uns mit, ob Sie noch zwei Plätze frei haben und wann das Training stattfindet. Was müssen wir außer Sportzeug und Getränken noch mitbringen?

Wir freuen uns sehr, wenn das klappt.

Freundliche Grüße
Hanna und Bente

② Schreibe den Text vollständig auf.

E-Mail-Adresse	Betreff

Brief	Internet	Ort	Datum

Heft 3, S. 12 ②
Im Vergleich zu einem Brief
fehlen rechts oben Ort und ...

Im Vergleich zu einem Brief fehlen rechts oben ▢ und ▢.

Die Anschrift ist eine ▢.

Der ▢ wird in der Betreffzeile im E-Mail-Kopf eingetragen.

In einer E-Mail werden förmliche Anrede und Verabschiedung

wie bei einem ▢ verwendet.

Die E-Mail wird über das ▢ verschickt.

So kannst du eine E-Mail beantworten

– Klicke auf **Antworten**.

– Es öffnet sich eine neue E-Mail. Darin ist die Adresszeile
schon ausgefüllt. In der Betreffzeile steht **AW** vor dem Text.
Das bedeutet **Antwort**.

		Senden
An:	anna.schneider@beispiel.de	
Betreff:	AW: Besuch	

– Schreibe nun deine Antwort.

– Klicke auf **Senden**. Die Nachricht wird nun über das Internet verschickt.

① Lies die E-Mail von Tims Oma und schreibe auf,
was Tim antworten könnte.

Heft 3, S. 13 ①

		↺ Antworten
An:	tim.schneider@beispiel.de	
Betreff:	Besuch	

Lieber Tim,

ich freue mich, dass du am Wochenende zu mir kommst. ☺

Schreib mir noch, wann dein Zug ankommt.

Was wollen wir denn unternehmen?

Liebe Grüße

Oma

Lernportion 2: Andere schriftlich informieren

MK: Vorgehen beim Beantworten von E-Mails kennenlernen
MK-Tipp: eine E-Mail an die eigene Lehrkraft verschicken

AH 19

So informiere ich andere über ein Thema:

1. **Ich entscheide mich** für ein Thema.

2. **Ich überlege**, wo (Schulhomepage, Aushang in der Schule ...) und wie (Plakat, Schülerzeitung ...) mein Text veröffentlicht werden soll.

3. **Ich recherchiere** zu dem Thema, **plane** meinen Text und **notiere Stichwörter**.

4. **Ich schreibe** meinen Text und
   – strukturiere ihn übersichtlich,
   – verwende Zwischenüberschriften und mache Absätze,
   – hebe Wörter in Texten hervor, damit Wichtiges zuerst erkannt wird,
   – achte auf kurze und aussagekräftige Sätze,
   – füge Bilder ein.

5. **Ich lese** und **verbessere**, wenn nötig.

6. **Ich veröffentliche** meinen Text.

Überlege, für wen du einen Text schreibst. Das nennt man **adressatenbezogenes Schreiben.**

Lernportion 2: Andere schriftlich informieren

Plenum: Austausch über Schreibabsicht, Schreibsituation, Adressaten und Verwendungszusammenhang, Unterscheiden zwischen persönlicher und förmlicher Kommunikation

14

① Lies den Text, den Lisa und Tim für die Schulhomepage geschrieben haben.

Das Monatsmotto unserer Schule ist:

FREUNDLICHKEIT!

Mach mit!

Ich sage HALLO und GUTEN TAG.

Ist es nicht schön, wenn dich jemand anlächelt?
Begrüße alle Personen, die du im Schulhaus triffst,
und schenke ihnen ein Lächeln.

Ich sage BITTE.

Ist es nicht nett und höflich, wenn dich jemand um etwas bittet?
Versuch es und sage so oft wie möglich Bitte.
„Könnte ich bitte deinen blauen Buntstift haben?"

Ich sage DANKE.

Ist es nicht schön, wenn sich jemand bei dir bedankt?
Bedanke dich, wenn jemand etwas Nettes für dich getan hat.
„Danke, dass du auf mich gewartet hast!"

② Wähle ein Thema und schreibe einen Text wie in ①.
Gestalte ein Plakat oder schreibe am Computer.

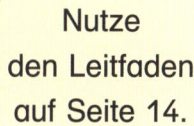 Nutze den Leitfaden auf Seite 14.

Strom sparen: Das sind die besten Tipps!

Für einen sauberen Park: Helft alle mit!

Verpackungsmüll vermeiden: So geht's!

Lernportion 2: Andere schriftlich informieren

Plenum: sich darüber austauschen, warum Freundlichkeit wichtig ist
MK: einen Text digital oder analog veröffentlichen

D 27   15

(1) Wähle ein Thema, zu dem du eine Geschichte schreiben möchtest.
Sammle dazu Stichwörter oder fertige eine Mind-Map an.

(2) Ordne deine Wörter aus ① an den roten Faden.
Sortiere sie nach Einleitung, Hauptteil und Schluss.

Heft 3, S. 16 ②
Einleitung: ...

Einleitung
Wer?
Wann?
Wo?

Hauptteil
Was passiert?

Schluss
Wie endet die
Geschichte?

Klasse 3a

am Abend

...

...

...

...

...

Wenn du
eine Geschichte planst,
hilft dir der rote Faden
beim Aufbau.

Lernportion 3: Geschichten planen, schreiben und überarbeiten

Plenum: sich über verschiedene Möglichkeiten der Textplanung austauschen;
besprechen und begründen, welche Möglichkeit in ① ausgewählt wurde

Eine Geschichte besteht aus Einleitung, Hauptteil und Schluss.
Die **Einleitung** beantwortet kurz diese Fragen:
Wer spielt mit? **Wann** spielt die Geschichte? **Wo** spielt sie?
Der **Hauptteil** erzählt ausführlich, **was** passiert.
Im **Schluss** steht knapp, **wie** die **Geschichte endet**.

① Lies den Text.

Der neue Schüler

1 Wie jeden Mittwoch in der 1. Stunde hatten wir
   Mathematik bei Herrn Werner. Wir durften in unserem
   Klassenzimmer verschiedene Gegenstände wiegen.
   Da klopfte es.
5 Eine Frau, ein Junge und ein Hund standen in der Tür.
   „Ist das hier die Klasse 3b?", fragte die Frau.
   Herr Werner nickte freundlich. „Ich bringe Ihnen
   einen neuen Schüler", sagte die Frau, „meinen Sohn Chan."
   Chan lächelte schüchtern.
10 „Neben Paul ist ein Platz frei, da kannst du dich hinsetzen",
   sprach Herr Werner.
   Plötzlich sprang der Hund los und setzte sich auf den freien Stuhl.
   Die ganze Klasse lachte. Die Mutter pfiff nach ihrem Hund
   und Chan setzte sich lachend auf den frei gewordenen Platz.

② Finde die Einleitung, den Hauptteil
und den Schluss der Geschichte.
Schreibe die Zeilennummern auf.

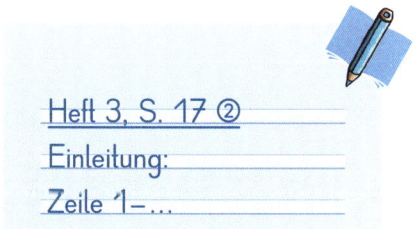

Heft 3, S. 17 ②
Einleitung:
Zeile 1– …

1 Lies den Text.
Überprüfe, ob es sich um eine Einleitung handelt.
Schreibe dazu die Fragen Wer? Wann? Wo?
und die passenden Antworten in dein Heft.

Heft 3, S. 18 ①
Wer? ...
Wann? ...
Wo? ...

Meine Oma Susanne wollte ihren Gartenschuppen
am Mühlbach entrümpeln.
Erkan, Alma und ich halfen ihr am Freitag dabei.

2 Überlege, zu welchem Erlebnis du eine Geschichte schreiben möchtest.

a Wer spielt in dieser Geschichte mit?

b Wann spielt die Geschichte?

c Wo spielt die Geschichte?

   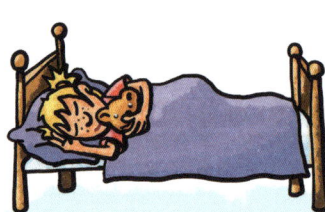

3 Schreibe die Einleitung zu deinem
Erlebnis aus ② auf.

Heft 3, S. 18 ③
...

Lernportion 3: Geschichten planen, schreiben und überarbeiten

① Lies die Einleitung der Geschichte.

Eine große Überraschung

Es war an einem sonnigen Samstag im Mai. Mein Bruder und ich
waren gerade aufgestanden und kamen zum Frühstück in die Küche.
Da sagte unser Papa: „Wenn ihr aufgegessen habt, macht euch
schnell fertig, ihr beiden. Wir haben etwas Tolles vor."

② Schreibe mit Hilfe der Stichwörter den Hauptteil
der Geschichte aus ① auf.

Heft 3, S. 19 ②
...

Fahrt zum Tierheim

viele kleine Hunde

einer besonders neugierig

Name Benni

Ein roter Faden
hilft beim Schreiben.

wichtige Tipps von Tierpflegerin

Spaziergang zum Kennenlernen

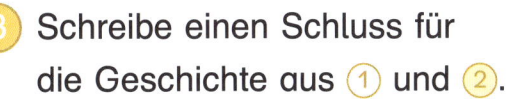

③ Schreibe einen Schluss für
die Geschichte aus ① und ②.

Heft 3, S. 19 ③
...

> Jede Geschichte hat eine **Überschrift**.
> Sie muss zum Text passen und zum Lesen anregen.

① Seht euch die Fotos an.
Erzählt euch die Geschichte. Überlegt euch einen Schluss.

② Überlege dir eine Überschrift zur Geschichte
aus ① und schreibe sie auf.

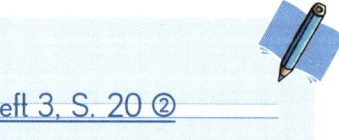

③ Stellt euch gegenseitig eure Überschriften vor
und überlegt, welche euch am besten gefallen.
Begründet eure Meinung.

Lernportion 3: Geschichten planen, schreiben und überarbeiten

20

Plenum: sich über das Verhalten der Personen aus der Bildergeschichte austauschen
MK-Tipp: ein Foto für den Schluss der Geschichte machen

> Ein Text wird besser, wenn die **Satzanfänge unterschiedlich** sind.

1 Schreibe das Erlebnis auf.
Setze passende Satzanfänge ein.

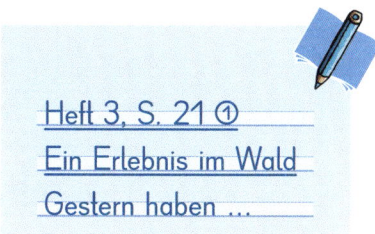

Heft 3, S. 21 ①
Ein Erlebnis im Wald
Gestern haben ...

Plötzlich	Gestern	Da	Zum Glück

Zunächst	Wir	So	Dort	Dann

Ein Erlebnis im Wald

___ haben wir an einem Orientierungslauf teilgenommen.

___ trafen wir uns beim Start.

___ bekam jedes Team eine Karte.

___ fiel der Startschuss.

___ standen wir an einer Brücke, die nicht auf der Karte eingezeichnet war.

___ hatten uns verlaufen.

___ knackte es auf einmal im Unterholz.

___ war es ein Streckenposten, der uns weiterhalf.

___ haben wir das Ziel noch erreicht.

2 Schreibe das Erlebnis in der richtigen Reihenfolge auf.
Finde selbst unterschiedliche Satzanfänge.

Heft 3, S. 21 ②
Gestern waren wir
mit ...

___ sind wir mit der Bahn zurückgefahren.

___ waren wir noch im Museumscafé.

___ haben wir unsere Sachen an der Garderobe abgegeben.

___ sollten wir zu bestimmten Kunstwerken Fragen beantworten.

___ waren wir mit unserer Klasse im Museum.

So schreibe ich eine Erlebnisgeschichte:

1. **Ich überlege**, zu welchem Erlebnis ich eine Geschichte schreiben möchte.

2. **Ich plane** eine Erlebnisgeschichte und notiere Stichwörter. Dabei beachte ich
   – die Einleitung (Wer? Wann? Wo?),
   – den ausführlichen Hauptteil (Was passiert?),
   – den Schluss (Wie endet die Geschichte?).

3. **Ich schreibe** meine Erlebnisgeschichte. Dazu nutze ich meine Stichwörter und weitere Ideen.

Ich schreibe darüber, wie ich gestern auf Imo aufgepasst habe.

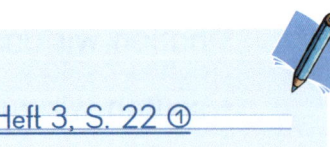

4. **Ich lese** die Erlebnisgeschichte noch einmal durch und achte dabei auf abwechslungsreiche Satzanfänge.

5. **Ich überarbeite** die Erlebnisgeschichte.

6. **Ich finde** eine passende Überschrift für die Erlebnisgeschichte.

1 Schreibe mit Hilfe des Leitfadens eine Erlebnisgeschichte.

Heft 3, S. 22 ①

So führe ich eine Schreibkonferenz durch:

1. **Ich suche** mir drei Kinder, mit denen ich meine Geschichte besprechen möchte.

2. **Ich verteile** die Aufgaben:

   Verständnisprofi:
   Ist alles verständlich?
   Kann man die Geschichte mit eigenen Worten wiedergeben?

   Aufbauprofi:
   Werden in der Einleitung diese Fragen beantwortet: Wer? Wann? Wo?
   Ist der Hauptteil ausführlich und interessant?
   Rundet der Schluss die Geschichte ab?
   Passt die Überschrift?

   Ausdrucksprofi:
   Sind die Sätze zu lang?
   Sind die Satzanfänge abwechslungsreich?

3. **Ich lese** meine Geschichte den anderen Kindern (mehrmals) vor.

4. **Ich erhalte** von den anderen Kindern Hinweise.

5. **Ich überarbeite** meine Geschichte.
   Die Hinweise der anderen Kinder können mir dabei helfen.

 ① Besprich in einer Schreibkonferenz deine Erlebnisgeschichte von Seite 22 mit Hilfe des Leitfadens.

Lernportion 3: Geschichten planen, schreiben und überarbeiten

Plenum: Vorgehensweisen bei der kriteriengeleiteten Überprüfung und Optimierung von Texten in Bezug auf Verständlichkeit und Wirkung im Rahmen einer Schreibkonferenz beschreiben

AH 27

D 28   **23**

① Ergänze in Tims Beschreibung die passenden
Adjektive zu den Nomen.
Nutze auch die Anregungen im Wortkasten.

Heft 3, S. 24 ①
Auf dem Kopf hat das Kind
eine ... Kappe.
...

* gepunktet
* blond
* gelockt
* dunkelhaarig
* kurz
* lang
* bunt
* sonnengelb
* knallrot
* frühlingsgrün
* gestreift

Wer ist gemeint?

Auf dem Kopf
hat das Kind eine Kappe.
Es trägt eine Jacke, eine Hose
und Schuhe. In der Hand
hält es ein Seil.

Mit Adjektiven
kannst du genauer
beschreiben.

② Lies deinen Text aus ① einem Partnerkind vor.
Wenn es auf das richtige Kind zeigt,
hast du es genau beschrieben.

③ Beschreibe ein weiteres Kind aus der Abbildung genau.
Wenn dein Partnerkind auf das richtige Kind zeigt,
hast du es genau beschrieben.

Lernportion 4: Beschreibungen verfassen

① Ordne den Personen die passende Beschreibung zu.

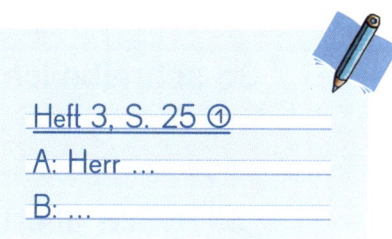
Heft 3, S. 25 ①
A: Herr ...
B: ...

 A

 B

 C

 D

Frau Wandel

runder Kopf | braune Haare | Mittelscheitel | langer, geflochtener Zopf | geschwungene Augenbrauen | große, blaue Augen | schiefe Nase | lange, hängende Ohrringe | Grübchen an den Wangen | geschwungene, runde Lippen

Herr von Hotzenbach

eckiger Kopf | kurze, lockige, rote Haare | eng stehende, braune Augen | buschige Augenbrauen | große Knollennase | schiefer Mund | schmale Lippen | abstehende Ohren

Herr Ludwig

ovaler Kopf | spitzes Kinn | Halbglatze mit blonden Haaren | langer Zwirbelbart | große, grüne Augen | dünne Augenbrauen | anliegende Ohren | kleine Nase | volle Lippen

Frau Dürr

länglicher Kopf | schulterlange, zerzauste, schwarze Haare | schmale, braune Augen | dünne Augenbrauen | Stupsnase | breiter Mund | schmale Lippen | rote Wangen | Sommersprossen

② Ordne die Wörter richtig zu.

| Kleidung | Figur/Körperbau | Besonderheiten |

Heft 3, S. 25 ②
Kleidung: gestreift, ...

schlank ✶ gestreift ✶ Zahnlücke ✶ zierlich ✶ sportlich ✶ Grübchen ✶ einfarbig ✶ muskulös ✶ Narbe ✶ gepunktet ✶ korpulent ✶ Muttermal ✶ geringelt ✶ mollig ✶ Tätowierung ✶ gemustert ✶ kariert ✶ X-Beine ✶ bunt ✶ Sommersprossen

Kläre unbekannte Wörter.

So schreibe ich eine Personenbeschreibung:

1. **Ich überlege**, welche Person ich beschreiben möchte.

2. **Ich sehe genau hin** und notiere Stichwörter zu möglichst vielen Merkmalen: Größe, Alter, Figur, Kopf, Kleidung.

3. **Ich schreibe** eine Personenbeschreibung und verwende
   – treffende Wörter zur genauen Beschreibung,
   – abwechslungsreiche Satzanfänge:
   Er …, Sie …, Außerdem …, Um …, Sein …, Die …, Ihr …

4. **Ich lese** die Personenbeschreibung noch einmal durch und achte dabei auf treffende Wörter.

5. **Ich überarbeite** die Personenbeschreibung.

Schlanke Figur,
spitzer Buchstabenhut,
rote Haare mit zwei Zöpfen,
kleine, grüne Augen,
spitze Nase, kleiner Mund,
Buchstabenkleid mit grünem Kragen,
barfuß …

① Beschreibe ein Kind aus deiner Klasse ausführlich.
Schreibe auf ein Blatt Papier. Daraus soll ein Personenrätsel werden.
Nenne deshalb nicht den Namen des Kindes.

(3) Wähle eine Personenbeschreibung aus (2) aus.
Male dazu und hänge das Bild unter die Beschreibung.

(4) Schreibe auf Kärtchen, was gut gelungen ist und
was noch verbessert werden kann. Befestige diese
unter der entsprechenden Personenbeschreibung.

① Lies den Text. Achte besonders auf
die Personenbeschreibung in Zeile 7–12.

Wer kennt diesen Mann?

1 Am Sonntag fuhr ich mit meinem Fahrrad
am Rheinufer in Mainz entlang.
In der Nähe der Südbrücke hatte ich
einen platten Reifen. Ein netter Mann
5 schenkte mir sein Fahrradflickzeug.
Ich möchte mich gern bei ihm bedanken.

Der Mann ist mittelalt.
Er ist ca. 1,80 m groß und sportlich.
Der Mann hat ein rundes Gesicht.
10 Er hat braune Haare und einen Bart.
Seine Nase und seine Augen sind groß.
Er trägt ein T-Shirt, eine Hose und blaue Schuhe.

Über Hinweise würde ich mich freuen.
Meine Telefonnummer ist 0176 – 04 06 90 22.

② Überarbeite die Personenbeschreibung aus ①.
Beschreibe den Mann mit passenden Adjektiven
genauer. Sieh dir dazu auch das Bild an.

Heft 3, S. 28 ②
Der Mann …

③ Lest euch eure Personenbeschreibungen aus ② vor.
Gebt euch eine Rückmeldung, was gut gelungen ist
und was ihr noch verbessern könnt.

Der Leitfaden
auf Seite 26
hilft dir.

1 Lies den Steckbrief.

Name:	Lotta
Alter:	9 Jahre
Gestalt:	schlank
Kopf:	rund
Haare:	schulterlange, braune Haare, zwei Zöpfe
Augen:	grün
Nase:	schmal und spitz
Kleidung:	gelbes Kleid mit roten Punkten, rote Strumpfhose, blaue Sandalen
Besondere Kennzeichen:	Sommersprossen, grüne Brille

2 Male Lotta auf ein leeres Blatt. Nutze den Steckbrief aus ①.

3 Beschreibe Lotta in Sätzen.
Die Satzanfänge helfen dir.

Heft 3, S. 29 ③
Das Kind heißt …

Das Kind heißt …		Lotta ist …		Sie hat …

Ihre Haare …		Sie trägt …		Auffällig sind …		…

4 Lest euch eure Personenbeschreibungen aus ③ vor.
Gebt euch eine Rückmeldung, was gut gelungen ist und
was ihr noch verbessern könnt.

5 Die Vergangenheitsform üben

Ich nutze die **Vergangenheitsform**, wenn ich eine Geschichte über ein **vergangenes Erlebnis aufschreibe**.

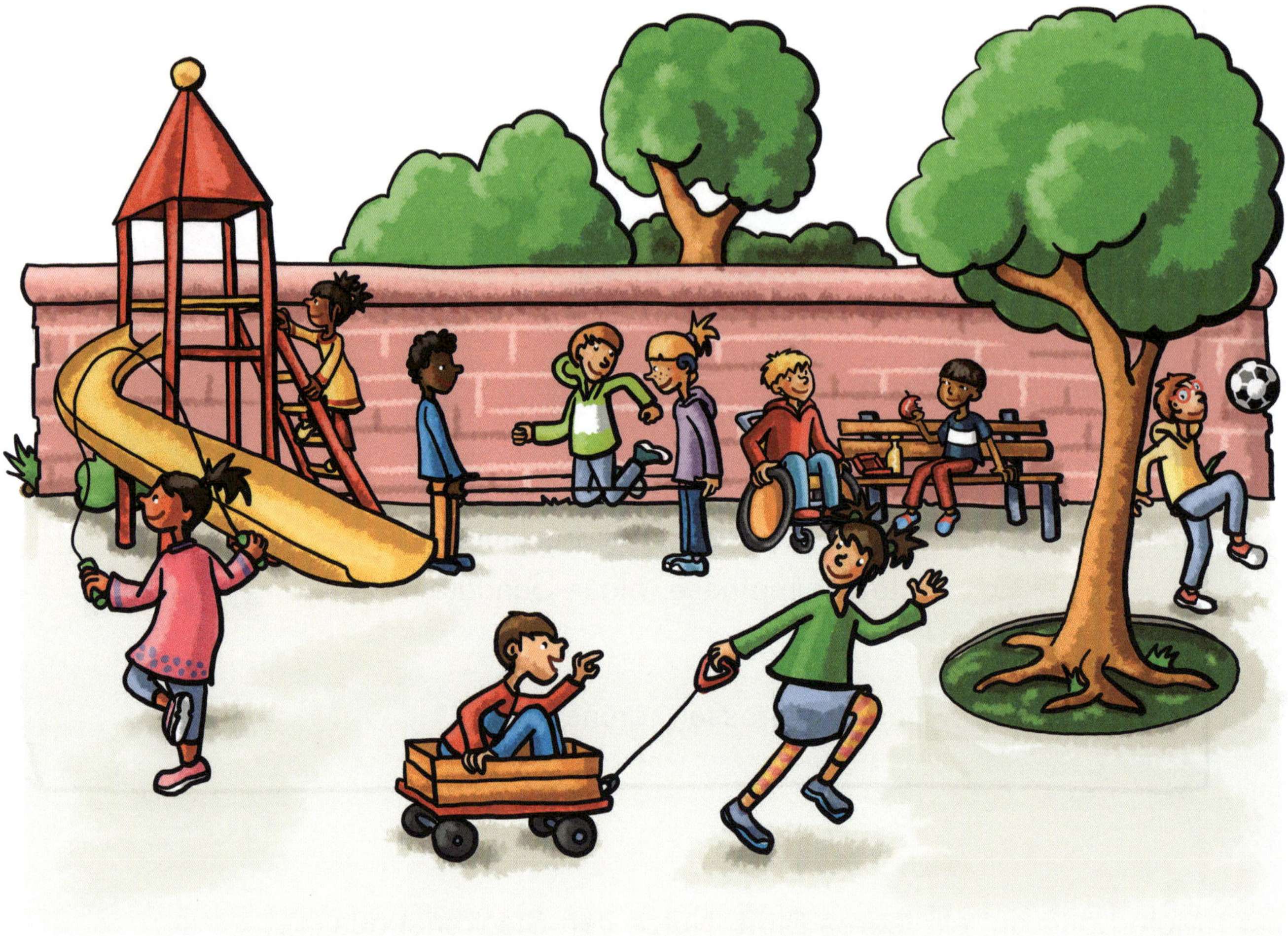

1. Finde zum Bild sechs passende Verben. Schreibe sie in einer Tabelle in der Gegenwartsform und der Vergangenheitsform auf.

Heft 3, S. 30 ①

Gegenwart	Vergangenheit
sie zieht	sie zog

2. Schreibe zu dem Bild mindestens drei Sätze in der Vergangenheitsform auf.

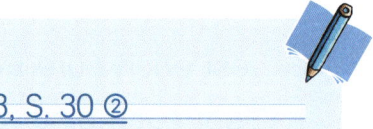

Heft 3, S. 30 ②

…

③ Schreibe das Pausenerlebnis
in der Vergangenheitsform ab.
Unterstreiche die Verben.

Unfall auf dem Pausenhof

Lisa zieht an einem Seil einen Rollwagen,
auf dem Emil sitzt. Lisa rennt sehr schnell.
Da prallt der Wagen an den Stamm
der dicken Eiche. Emil knallt an den Baum
und fällt auf den Boden.
Seine Nase blutet stark und er weint laut.
Emil kommt zwei Wochen nicht in die Schule.
Seine Nase ist gebrochen und er hat
eine Gehirnerschütterung.

Heft 3, S. 31 ③
Unfall auf dem Pausenhof
Lisa zog ...

④ Finde das passende Verb.
Notiere es in der richtigen Zeitform.

| klingeln | gehen | spielen |

| beginnen | essen | lesen |

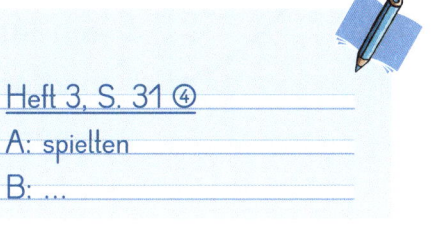

Heft 3, S. 31 ④
A: spielten
B: ...

A   Gestern ▮ wir auf dem Hof Verstecken.

B   In 5 Minuten ▮ die Pause.

C   Letztes Jahr ▮ ich in die 2. Klasse.

D   Jeden Morgen um 7 Uhr ▮ der Wecker.

E   Jetzt ▮ ich mein Pausenbrot.

F   Am letzten Wochenende ▮ ich mein Buch fertig.

Achte auf die Satzanfänge.

So schreibe ich eine Nacherzählung:

1. **Ich passe genau auf,** wie die Geschichte verläuft.

2. **Ich notiere** Stichwörter zum Inhalt der Geschichte.

3. **Ich schreibe** mit Hilfe der Stichwörter eine Nacherzählung und achte darauf,
   – in der Einleitung alle W-Fragen aufzugreifen,
   – nur das Wichtigste zu erzählen, nichts zu erfinden,
   – die richtige Reihenfolge einzuhalten,
   – die Vergangenheitsform zu verwenden,
   – unterschiedliche Satzanfänge zu nutzen.

4. **Ich lese** die Nacherzählung noch einmal durch und achte dabei auf die Vergangenheitsform und unterschiedliche Satzanfänge.

5. **Ich überarbeite** die Nacherzählung.

① Lies die Geschichte auf Seite 33.
Kläre unbekannte Wörter und notiere
Stichwörter.

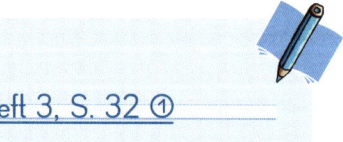

Heft 3, S. 32 ①
...

Ein buntes Land

1 Kokokaka war ein Land hinter den Bergen. Dort lebten die Pumpus schon
seit tausend Jahren. Zu allen Zeiten gab es große und kleine, dicke und
dünne, kluge und dumme Pumpus. Doch so unterschiedlich sie auch waren,
eines hatten alle Pumpus gemeinsam: ein blaues Fell.

5 Bis eines Tages das erste Pumpu mit einem roten Fell geboren wurde.
Seine Eltern erschraken sehr, als sie ihr rotes Kind sahen. Sie wuschen und
schrubbten es immer wieder, aber das Fell ihres Kindes blieb rot. „Ich habe es
trotzdem lieb", sagte die Mutter. Der Vater nickte. „Hauptsache, es ist gesund
und wird glücklich."

10 Gesund war das rote Pumpu, aber richtig glücklich nicht. Denn obwohl seine
Eltern es lieb hatten und die meisten Pumpus nett zu ihm waren, spürte das
rote Pumpu, dass es anders war. Und manchmal war es deswegen traurig.

Einmal meinte ein großes Pumpu: „Ich wünsche mir schon lange ein grünes
Fell. Nur habe ich mich bisher nie getraut, das zu sagen." Das große Pumpu
15 füllte einen Bottich mit Wasser, sammelte verschiedene Kräuter und warf
sie hinein. Bald färbte sich das Wasser grün und das große Pumpu stieg
in den Bottich. Und es dauerte nicht lange, bis ein grünes Pumpu aus dem
Bottich stieg. Es schaute an sich hinunter und strahlte. Auch andere färbten
in den nächsten Wochen ihr Fell und bald gab es Pumpus in vielen Farben.
20 Zwischen den vielen farbigen Pumpus fühlte sich das rote Pumpu endlich
wohl und war nun sehr glücklich. ◇

Manfred Mai

 ② Erzähle den Inhalt des Textes mit Hilfe deiner
Stichwörter aus ① einem Partnerkind.

③ Schreibe mit Hilfe des Leitfadens auf Seite 32
und deiner Stichwörter eine Nacherzählung.

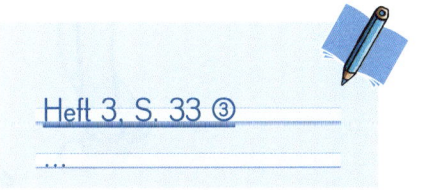

Lernportion 5: Geschichten nacherzählen

Plenum: Lernergebnisse präsentieren; die Berücksichtigung der im Leitfaden dargestellten Gesichtspunkte
beschreiben und bewerten
MK-Tipp: sich mit Hilfe einer Kindersuchmaschine im Internet über Manfred Mai informieren

D 30

33

1 Suche dir vier Kinder, mit denen du die Geschichte von Seite 33 spielen willst.

a Lest gemeinsam die Geschichte noch einmal durch.

b Verteilt die Rollen:

ein Erzähler oder eine Erzählerin, Mutter, Vater, rotes Pumpu, großes Pumpu

c Überlegt gemeinsam:

Was sagen die Personen?

– der Erzähler liest vor

– Mutter bei der Geburt des roten Pumpus

– Vater

– …

**Was tun die Personen (= Handlungen und Gesten)
und welche Gefühle zeigen sie?**

– Eltern erschrecken (Hand vor dem Mund …)

– Vater füllt Eimer mit Wasser, um rotes Pumpu zu schrubben …

– …

2 Übt das Vorspiel.

3 Spielt die Geschichte eurer Klasse vor und lasst euch
eine Rückmeldung geben.

Lernportion 5: Geschichten nacherzählen

① Lies die Geschichte.

Allein zu Hause

Gestern Abend gingen meine Eltern ins Kino und ich war das erste
Mal allein zu Hause. Ich sah mir noch eine Zeichentrickserie an,
die bis 20 Uhr dauerte, und dann ging ich ins Bett. Ich war fast
eingeschlafen, da hörte ich plötzlich ein leichtes Kratzen am Rollladen.
Sofort war ich wieder hellwach. Ich hatte schreckliche Angst.
Dann hörte ich ein „Miau" und wusste, dass es nur unser Kater Kasimir
war. Nun schlief ich beruhigt ein.

② Beurteilt die drei Nacherzählungen. Begründet eure Meinung.
Nutzt den Leitfaden auf Seite 32.

Gestern Abend schlief ich vor dem Fernseher ein.
Plötzlich erwachte ich von einem leichten Kratzen
am Rollladen.

Gestern gingen meine Eltern ins Kino und ich war allein. Bis
zwanzig Uhr sah ich eine Serie, dann ging ich in mein Bett.
Kurz vor dem Einschlafen hörte ich plötzlich ein leichtes
Kratzen am Rollladen. Ich hatte Angst. Zum Glück war es nur
unser Kater, sodass ich beruhigt einschlief.

Gestern Abend war ich allein zu Hause. Ich setzte mich
mit Keksen vor den Fernseher. Meine Zeichentrickserie
fand ich super und ich schaute besonders lang, da
meine Eltern nicht da waren.
Plötzlich hörte ich ein lautes Krachen am Rollladen.
Meine Katze hat wahrscheinlich einen Vogel gefangen.

> Ein Text wird lebendiger, wenn man nicht immer die gleichen Wörter benutzt, sondern diese durch Wörter aus dem gleichen **Wortfeld** ersetzt:
> Gedanke kann durch Idee oder Einfall ersetzt werden,
> leuchten kann durch schimmern oder glitzern ersetzt werden,
> groß kann durch riesig oder gewaltig ersetzt werden.

1 Notiere die Wortfelder.

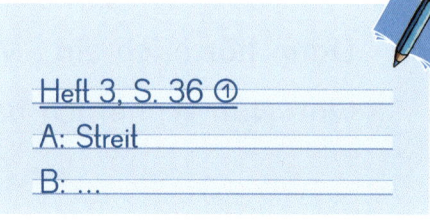
Heft 3, S. 36 ①
A: Streit
B: ...

| A | Stänkerei, Zank, Reiberei |

| B | winzig, mickrig, daumengroß, lütt |

| C | horchen, lauschen, vernehmen, aufschnappen |

| D | betrachten, linsen, erblicken, entdecken |

| E | geschwind, flink, rasch, rasant |

2 Ersetze die markierten Wörter durch Wörter aus den gleichen Wortfeldern. Schreibe die Sätze vollständig auf.

Heft 3, S. 36 ②
A: Lisa hat tolle Geschenke bekommen.
B: ...

| A | Lisa hat schöne Geschenke bekommen. |

| B | Die Maus rennt in das Mauseloch. |

| C | Malik wirft die Jacke in die Ecke. |

| D | Vor Angst lässt sie den Stift fallen. |

| E | Der Wald ist dunkel. |

① Schreibe alle Wörter für sagen in der Grundform auf.

Hauchte, wetterte, sprach, brüllte

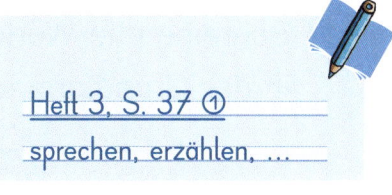

Heft 3, S. 37 ①
sprechen, erzählen, ...

1 Gestern Abend, sprach er.

  Es war schon dunkel, erzählte er.

  Wollte ich zu meinem Schwager, berichtete er.

  Aber in dem Fliederbusch vor seinem Haus, tuschelte er.

5 Sah ich etwas glühen, zischte er.

  Zwei grüne Augen, keuchte er.

  Da lauerte ein Gespenst, schrie er.

  Ich – , stieß er hervor.

  Auf und davon wie der Blitz!, gestand er.

10 Da hättest du auch Angst gehabt, behauptete er.

  Nun haben sie ohne mich Geburtstag gefeiert, jammerte er.

  Es war bestimmt sehr lustig, schluchzte er.

  Aber das nächste Mal, knurrte er.

  Nehme ich einen Prügel mit, drohte er.

15 Und dann haue ich es windelweich, verkündete er.

  Dieses freche, böse, hinterhältige, gemeine …, brüllte er.

  Hoffentlich hat es das nicht gehört, hauchte er.

  Aber untertags schläft es, versicherte er.

  Wahrscheinlich, meinte er.

20 Dieses verdammte Gespenst, wetterte er.

  Oder war es eine Katze?, fragte er.

  Das kann gut sein, sagte ich.

Josef Guggenmos

 ② Kläre mit einem Partnerkind die markierten Wörter aus ①,
die du nicht kennst.

① Schreibe alle Wörter für gehen
in der Grundform auf.

Heft 3, S. 38 ①
kommen, trödeln, …

Auf dem kürzesten Weg

Kims Mutter möchte, dass Kim nach der Schule
direkt nach Hause kommt und nicht trödelt.
Obwohl Kim sonst sehr gerne bummelt, will sie Mamas Wunsch erfüllen.
Nach der letzten Stunde verlässt Kim die Schule. Sie läuft nicht wie gewohnt
durch den Vorderausgang. Kim rennt hinter der Schule über den Bolzplatz,
geht die Böschung hinauf und kriecht oben durch das dichte Gebüsch.
Vor ihr liegen viele kleine Gärten. Vorsichtig stelzt Kim über Blumenbeete,
kniehohe Zäune, Salate und Kohlköpfe. Sie klettert über eine leere Hundehütte.
Sie überquert eine Straße. ◇

Werner Färber

② Schreibe den Text ab. Ersetze das Wort gehen
durch ein passendes Wort.
Die Wörter im Kasten helfen dir.

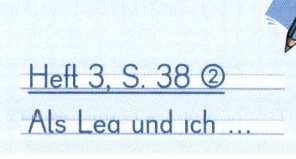

Heft 3, S. 38 ②
Als Lea und ich …

Als Lea und ich am Abend nach Hause gehen, ist es
schon dunkel. Wir gehen durch die Müllerstraße.
Dort steht ein unbewohntes Haus. Neugierig
gehen wir zur Tür. Wir gehen in das Haus hinein,
weil wir ein Geräusch hören. Was ist das?
Eine Maus geht vorbei. Sie geht in den Keller.
Plötzlich hören wir Schritte. Ein Mensch geht
zur Haustür und öffnet sie. Was nun?

wandern ✶	laufen ✶
flitzen ✶	schlurfen ✶
eilen ✶	schleichen ✶
tapsen ✶	hasten ✶
huschen ✶	hüpfen ✶
hinken ✶	trödeln

Lernportion 6: Nach Anregungen schreiben

Wörter und Bilder reizen zum **Erzählen**.

① Zeichne zu jedem Wort ein kleines Bild.

| Kind | Mülltonne | Raumschiff |

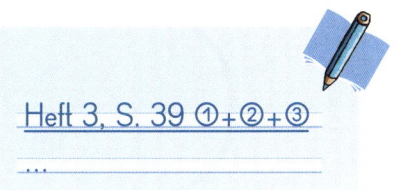

Heft 3, S. 39 ①+②+③

② Denke dir eine Geschichte aus, in der
die Reizwörter aus ① vorkommen.
Schreibe Stichwörter auf.

③ Schreibe mit Hilfe deiner Stichwörter aus ②
eine kurze Geschichte.

④

So schreibe ich eine Reizwortgeschichte:

1. **Ich lese** die Reizwörter und stelle sie mir bildlich vor.

2. **Ich plane** eine Geschichte, in der diese Wörter eine wichtige Rolle spielen.
Welche Personen/Gegenstände kommen vor?

3. **Ich schreibe** mit Hilfe der Reizwörter eine Geschichte und achte darauf,
   – in der Einleitung alle W-Fragen aufzugreifen,
   – ausführlich den Hauptteil zu erzählen,
   – wörtliche Rede zu verwenden,
   – abwechslungsreiche Wörter zu benutzen (Wortfelder),
   – einen passenden Schluss zu verfassen,
   – unterschiedliche Satzanfänge zu verwenden,
   – eine passende Überschrift zu ergänzen.

4. **Ich lese** die Reizwortgeschichte noch einmal und achte dabei auf die wörtliche Rede und abwechslungsreiche Wörter.

5. **Ich überarbeite** die Reizwortgeschichte.

Treffende Verben machen die Geschichte spannender.

1 Schreibe eine Reizwortgeschichte. Wähle aus:

Schaf | Tischtennis | Strand

Computer | Bäcker | Spaghetti

Heft 3, S. 40 ①

① Lies die Reizwortgeschichten von Hanna und Emil.

| Abend | Handy | Aprilscherz |

Am Sonntag war der erste April. Am Abend rief ich mit
dem Handy meinen Onkel an. Dann rief ich ins Handy: „Miau!"
Dann legte ich wieder auf. Dann lachte ich laut los.
Dann dachte ich: „Was für ein lustiger Aprilscherz."
Dann ging ich ins Bett.

Hanna

Ein gruseliger Anruf

Am Sonntag gegen Abend war ich allein zu Hause.
Ich wollte gerade ins Bett gehen, da klingelte das Handy.
Ich ging ran und hörte eine flüsternde Stimme: „Geh nicht
in dein Bett!" Mir wurde ganz mulmig und ich war wie erstarrt.
Als nach fünf Minuten das Handy wieder läutete, wollte ich
erst gar nicht rangehen. Doch meine Neugier war groß.
Diesmal sagte die Stimme: „Geh nicht in dein Bett!
Darin könnte sich ein Aprilscherz verstecken."
Am lauten Lachen erkannte ich meine Freundin Tosca.
Nun mussten wir beide lachen.

Emil

② Gib Hanna und Emil eine Rückmeldung.
Beachte den Leitfaden auf Seite 40.

Heft 3, S. 41 ②
Hanna: Deine Geschichte …

① Lies die Bauanleitung.

Ein Segelboot bauen

Du brauchst:

3 Korken, 2 Gummibänder, Karton, Schere, Stifte, 1 Holzstäbchen

So geht's:

1		Zuerst bindest du die Korken mit zwei Gummibändern zusammen.
2		Nun schneidest du für das Segel ein Rechteck aus dem Karton und malst es bunt an.
3		Dann spießt du das Holzstäbchen durch das Segel.
4		Zuletzt steckst du das Holzstäbchen mit dem Segel als Mast in den mittleren Korken.

② Baue das Segelboot aus ①.

③ Suche im Internet eine Anleitung für etwas, das du bauen willst. Gib einen passenden Begriff in eine Kindersuchmaschine ein. Schreibe Anleitung oder bauen dazu.

Ich möchte ein Raketenauto bauen.

Dann gebe ich **Raketenauto bauen** in die Suchmaschine ein.

Lernportion 7: Handlungsabläufe beschreiben

42

MK: im Internet mit Hilfe einer Kindersuchmaschine eine Bauanleitung suchen
MK-Tipp: ein Erklärvideo zu einer Bauanleitung drehen

1 Schreibe die Anleitung zum Zähneputzen
in der richtigen Reihenfolge auf.
Ergänze unterschiedliche Satzanfänge.

Heft 3, S. 43 ①
Zähne putzen
Zuerst nehme ich die ...
...

| Zuerst | Zum Schluss | Dann |

| Danach | Als Nächstes | Dabei |

Zähne putzen

☐ drücke ich die Zahnpasta auf die Bürste.

☐ spüle ich den Mund aus.

☐ nehme ich die Zahnbürste und mache sie unter dem Wasserhahn nass.

☐ reinige ich die Zahnbürste unter fließendem Wasser.

☐ putze ich zwei Minuten lang die Zähne mit kreisenden Bewegungen.

☐ gehe ich in dieser Reihenfolge vor: Kauflächen, Außenseiten, Innenseiten.

2 Schreibe eine Anleitung zum Haarewaschen.
Die Bilder und die Wörter helfen dir.
Achte auf unterschiedliche Satzanfänge.

Heft 3, S. 43 ②
Haare waschen
Zuerst ...

Haare waschen

| 1 | 2 | 3 | 4 |

| Duschbrause | kleine Menge | einschäumen |

| warmes Wasser | Shampoo | Augen schließen | ausspülen |

So schreibe ich eine Anleitung:

1. **Ich überlege**, welche Handlung ich beschreiben möchte.

2. **Ich plane**, welche Schritte ich durchführe, und notiere dazu Stichwörter.

3. **Ich schreibe** mit Hilfe der Stichwörter **eine Anleitung** und beachte:
   - Überschrift (bezeichnet die Handlung),
   - Einleitung (benötigte Gegenstände und Zutaten),
   - Hauptteil (richtige Reihenfolge, treffende Wörter/Fachbegriffe),
   - Schluss (beschreibt das Ergebnis),
   - Zeitform Gegenwart,
   - abwechslungsreiche Satzanfänge.

4. **Ich lese** die Anleitung noch einmal und achte dabei auf die Reihenfolge und darauf, ob alle Schritte verständlich beschrieben wurden.

5. **Ich überarbeite** die Anleitung.

 ①

Zuerst …
Danach …

② Schreibe mit Hilfe der Bilder und des Leitfadens
von Seite 44 eine Anleitung.

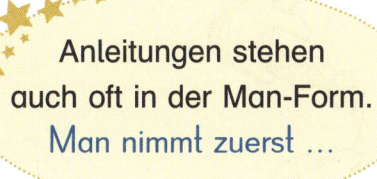

Anleitungen stehen
auch oft in der Man-Form.
Man nimmt zuerst …

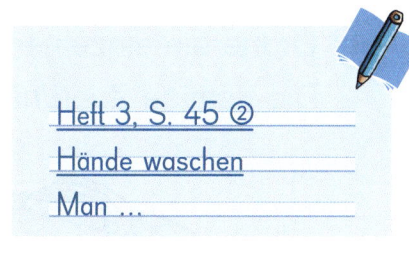

Heft 3, S. 45 ②
Hände waschen
Man …

Hände waschen

30 Sekunden

③ Lest euch eure Anleitungen aus ② vor. Gebt euch eine Rückmeldung,
was gut gelungen ist und was ihr noch verbessern könnt.

Ich habe
deine Anleitung gut
verstanden.

Die Zeitform
passt nicht immer.

Ich habe
noch eine Frage
zu …

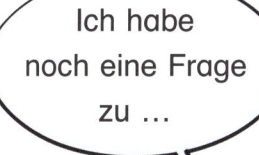

Lernportion 7: Handlungsabläufe beschreiben

① Ordne die einzelnen Schritte den Bildern zu.
Die richtige Zuordnung verrät dir den Namen des Gerichts.

Heft 3, S. 46 ①
1: BR
2: ...

1  **2**

3  **4**

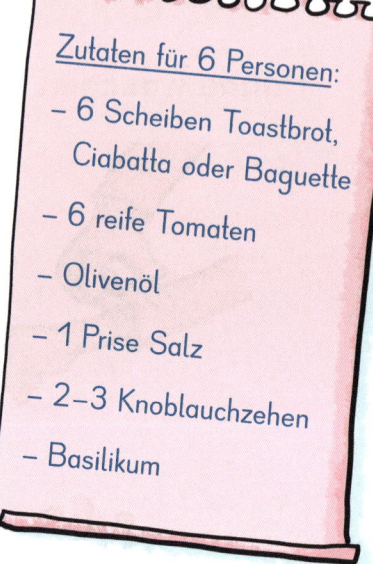

Zutaten für 6 Personen:
- 6 Scheiben Toastbrot, Ciabatta oder Baguette
- 6 reife Tomaten
- Olivenöl
- 1 Prise Salz
- 2–3 Knoblauchzehen
- Basilikum

5  **6**

| T | Mischung auf Brote verteilen | | US | Olivenöl auf das getoastete Brot träufeln |

| ET | Tomaten mit Salz und Knoblauch vermischen | | BR | Brot toasten |

| A | mit Basilikum verzieren | | CH | Tomaten und Knoblauch in Würfel schneiden |

② Schreibe die Anleitung zu ① in ganzen Sätzen auf.
Achte auf unterschiedliche Satzanfänge.

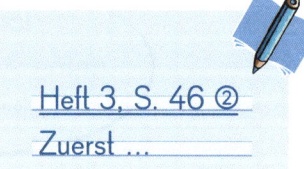

Heft 3, S. 46 ②
Zuerst ...

Zu einem Rezept gehört
eine Zutatenliste mit Mengenangaben.
Außerdem brauche ich eine Anleitung
dafür, wie ich das Gericht
zubereiten muss.

Lernportion 7: Handlungsabläufe beschreiben

Plenum: Austausch über Möglichkeiten, Handlungsabläufe geordnet festzuhalten und die Texte für die Veröffentlichung aufzubereiten

46

AH 54

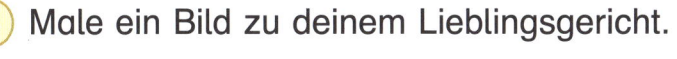

1

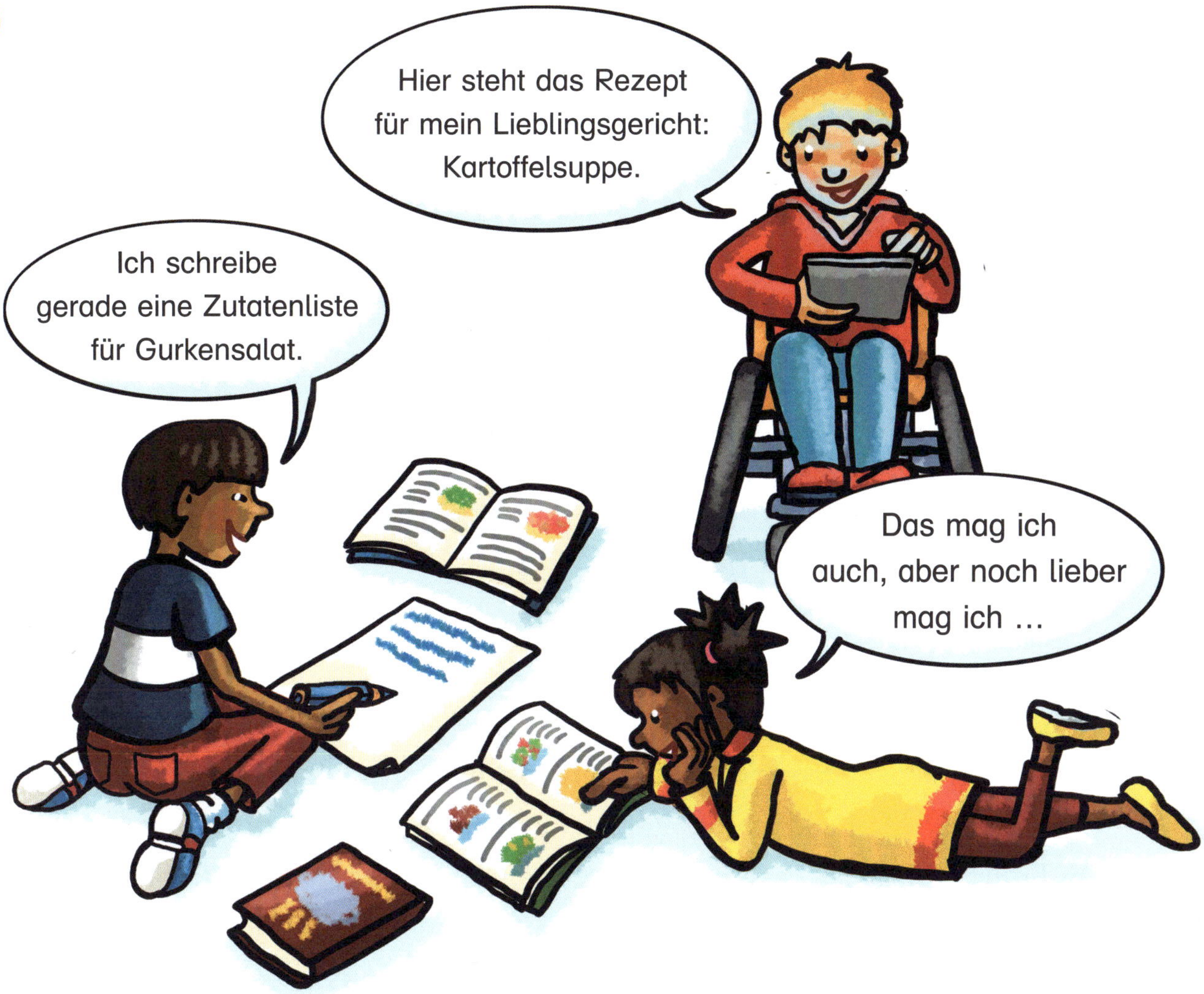
Hier steht das Rezept für mein Lieblingsgericht: Kartoffelsuppe.
Ich schreibe gerade eine Zutatenliste für Gurkensalat.
Das mag ich auch, aber noch lieber mag ich …

2 Schreibe mit Hilfe eines Kochbuchs und des Leitfadens auf Seite 44 eine Anleitung für dein Lieblingsgericht auf ein Blatt Papier.

3 Male ein Bild zu deinem Lieblingsgericht.

4 Sammelt eure Rezepte in einem Klassenkochbuch.

Lernportion 7: Handlungsabläufe beschreiben

MK-Tipp: mit Hilfe einer Kindersuchmaschine ein Kochrezept im Internet finden; ein Rezept am Computer gestalten

D 32, 33

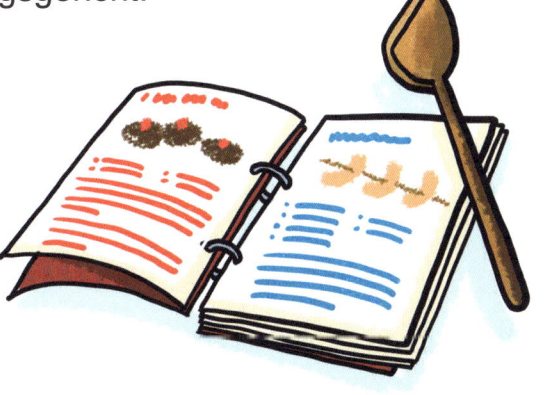

① Lies die E-Mail.
Finde alle Zutaten für Rosmarinkartoffeln
und schreibe eine Zutatenliste.

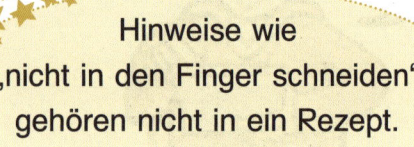

Hinweise wie
„nicht in den Finger schneiden"
gehören nicht in ein Rezept.

Heft 3, S. 48 ①+②
Rosmarinkartoffeln
Zutaten:
– 500 Gramm Kartoffeln
– ...
Anleitung:
Zuerst schrubbe ich ...

Von:	Daniel-Koch@beispiel.de
An:	emil.kowalski@beispiel.de
Betreff:	Rosmarinkartoffeln

Lieber Emil,

am letzten Wochenende hast du die leckeren Kartoffeln bei mir gegessen
und nun habe ich endlich die Zeit gefunden, dir das Rezept aufzuschreiben.
Du brauchst für vier Personen: 500 Gramm Kartoffeln, vier Esslöffel Olivenöl,
vier Esslöffel klein gehackten Rosmarin, Salz und Pfeffer zum Würzen.
Zuerst musst du die Kartoffeln mit einem Gemüsebürstchen gut abschrubben,
bis die Erdreste weg sind und die Schale ganz hell ist. Dann schneidest du
die Kartoffeln auf einem Brettchen in Scheiben, ungefähr einen halben
Zentimeter dick. Pass auf, dass du dir nicht in die Finger schneidest.
Nun streichst du das Olivenöl auf ein Backblech, bis der Boden bedeckt ist.
Danach verteilst du die Kartoffeln auf dem Blech. Jetzt kommt der
zerkleinerte Rosmarin auf die Kartoffeln. Zum Schluss würzt du mit Salz
und Pfeffer. Nun im Backofen 20 Minuten bei 200 °C backen lassen.

Liebe Grüße

Dein Onkel Daniel

② Schreibe die Anleitung für Rosmarinkartoffeln in der Ich-Form auf.
Achte auf unterschiedliche Satzanfänge.

7 Rezepte suchen und am Computer gestalten

(1) Suche in Kochbüchern oder mit Hilfe einer Kindersuchmaschine im Internet nach einem Rezept mit Kartoffeln.

(2) Schreibe das Rezept aus (1) am Computer ab und gestalte es. Das Beispiel von Tim und Lisa kann dir dabei helfen.

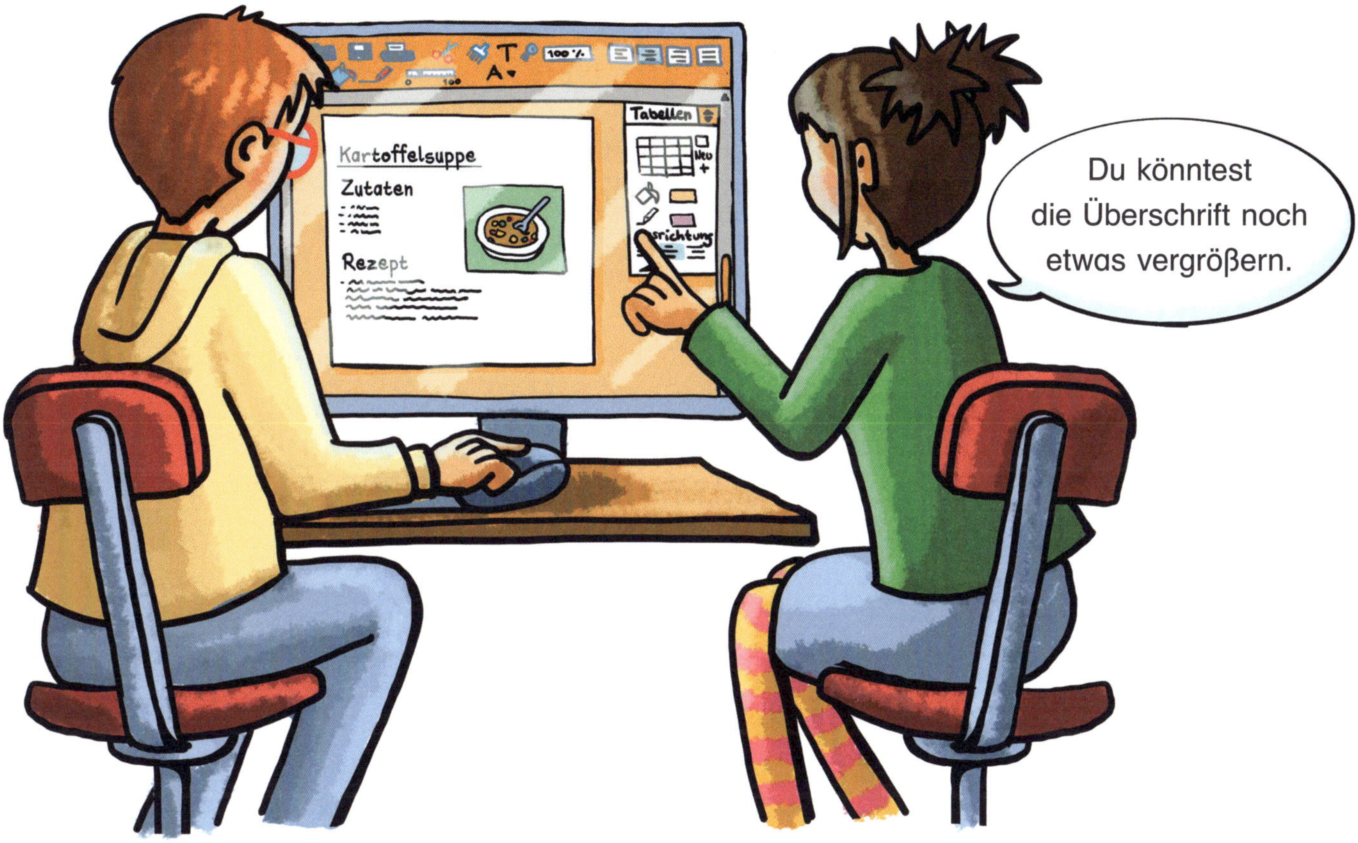
Kartoffelsuppe
Zutaten
Rezept
Tabellen
Du könntest die Überschrift noch etwas vergrößern.

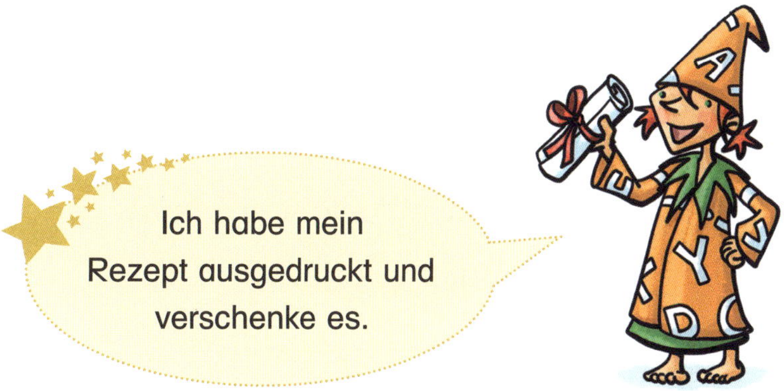
Ich habe mein Rezept ausgedruckt und verschenke es.

(3) Erklärt und begründet, ob ihr die Suche in Kochbüchern oder die Suche im Internet besser findet.

Lernportion 7: Handlungsabläufe beschreiben

MK: ein Rezept mit Hilfe einer Kindersuchmaschine im Internet recherchieren; Vor- und Nachteile von analogen und digitalen Kochbüchern besprechen

---

Das **Haiku** ist eine **japanische Gedichtform**.
Haiku-Gedichte **handeln von der Natur**, von den Jahreszeiten
und von den Elementen Feuer, Wasser, Luft und Erde.
Haikus haben eine feste Silbenzahl.
Die **drei Verse** enthalten **17 Silben**.
1. Vers = 5 Silben,   2. Vers = 7 Silben,   3. Vers = 5 Silben

---

① Überprüfe, ob beide Gedichte Haikus sind.
Zähle die Anzahl der Silben in jeder Zeile.
Überprüfe den Inhalt.

Der blaue Himmel
Wölbt sich als Schutzdach auch
Für Spatzenkinder.

Tôgai

Der Frühlingsregen
Lässt wieder schöner werden
Fast alle Dinge.

Chiyo-ni

② Hier sind zwei Haikus vermischt.
Ein Haiku handelt vom Winter und das andere
vom Frühling. Schreibe die beiden Haikus richtig auf.

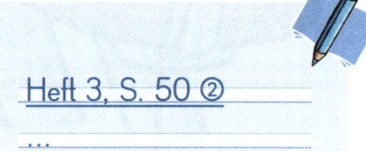

Heft 3, S. 50 ②

...

Es donnert und blitzt
Flocken fallen leicht
Schneemann lacht mit großem Mund
Gräser und Blumen schwanken
Naturgewalten
Winterwunderwelt

(1) Entscheide dich für ein Thema, zu dem du ein Haiku schreiben möchtest.

| Frühling | Sommer | Herbst | Winter |

| Luft | Erde | Feuer | Wasser |

(2) Schreibe ein Haiku zu deinem Thema aus (1).

(3) Bereite eine Präsentation zu deinem Haiku vor.
Male dazu ein schönes Bild.
Lerne das Gedicht auswendig.

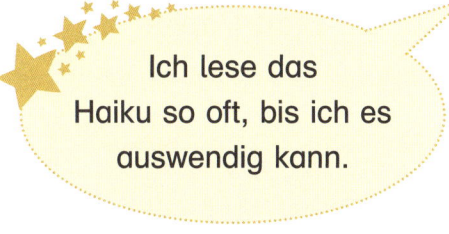

(4) Stellt euch gegenseitig eure Haikus vor.

Lernportion 8: Gedichte schreiben

MK: ein Haiku am Computer schreiben

① Lies den Text.

Ein berühmter Haiku-Dichter war der Japaner Matsuo Bashō.
Er lebte von 1644 bis 1694 und wird als erster großer Haiku-Dichter
bezeichnet. Durch ihn wurde die Haiku-Dichtkunst
erst richtig bekannt. Das bekannteste Haiku
von Matsuo Bashō ist das Frosch-Haiku.
Es wurde in viele Sprachen übersetzt.

Japanische Schriftzeichen	Aussprache	Übersetzung
古池や	*furu ike ja*	Ein alter Teich.
蛙飛び込む	*kawazu tobikomu*	Ein Frosch springt hinein.
水の音	*mizu no oto*	Das Wasser plätschert.

② Untersucht die Übersetzung des Frosch-Haikus.
Achtet auf die Anzahl der Silben.

③ Schreibe selbst ein Tier-Haiku auf ein Blatt Papier.
Gestalte es.

④ Finde im Internet weitere Haikus.
Schreibe zwei Haikus ab.

Heft 3, S. 52 ④

...

Lernportion 8: Gedichte schreiben

Plenum: sich gegenseitig wertschätzende Rückmeldungen zum Vortrag geben
MK: Haikus mit Hilfe einer Kindersuchmaschine im Internet recherchieren

(1) Lest das Gedicht. Tauscht euch darüber aus,
wie das Gedicht aufgebaut ist.

baum

baum kind

kind

kind hund

hund

hund haus

haus

haus baum

baum kind hund haus

Eugen Gomringer

Solche
Gedichte nennt man
Avenidas.

(2) Zeichne mit verschiedenen Farben den
Bauplan des Gedichts aus (1) in dein Heft.

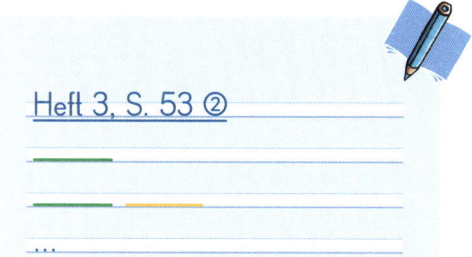

Heft 3, S. 53 (2)

Lernportion 8: Gedichte schreiben

① Finde zu einem Thema vier Wörter und nummeriere sie.

Heft 3, S. 54 ①
1. ...
2. ...

② Setze deine Wörter in den Bauplan ein.

Heft 3, S. 54 ②
...

1. Wort

1. Wort   2. Wort

2. Wort

2. Wort   3. Wort

3. Wort

3. Wort   4. Wort

4. Wort

4. Wort   1. Wort

1. Wort   2. Wort   3. Wort   4. Wort

Wenn ich Wörter eines Gedichts durch andere Wörter oder Bilder ersetze, entsteht ein **Parallelgedicht**.

③ Lest euch gegenseitig eure Gedichte aus ② vor.

D 34

Lernportion 8: Gedichte schreiben

MK-Tipp: ein Parallelgedicht am Computer schreiben und gestalten

AH 61

8 Ein Parallelgedicht mit Geräuschen entwickeln

Wörter in einem Gedicht kann man **durch Geräusche ersetzen**. So entsteht ein **Geräuschegedicht**.

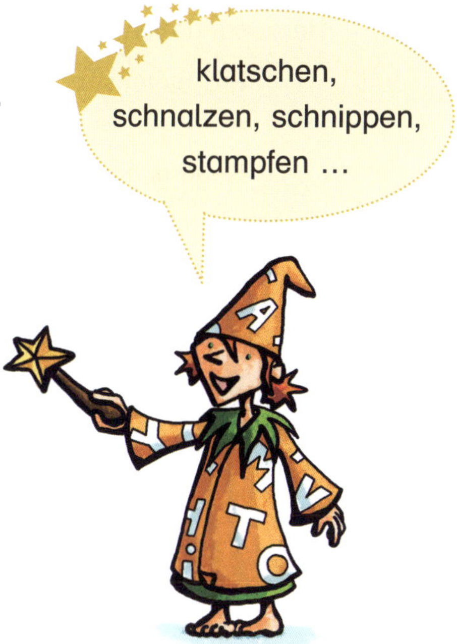
klatschen, schnalzen, schnippen, stampfen …

(1) Probiert aus, welche Geräusche ihr erzeugen könnt.

(2) Nehmt den Bauplan von Seite 53, Aufgabe (2).
Bestimmt für jede Farbe ein Geräusch.
Probiert das Geräuschegedicht aus.

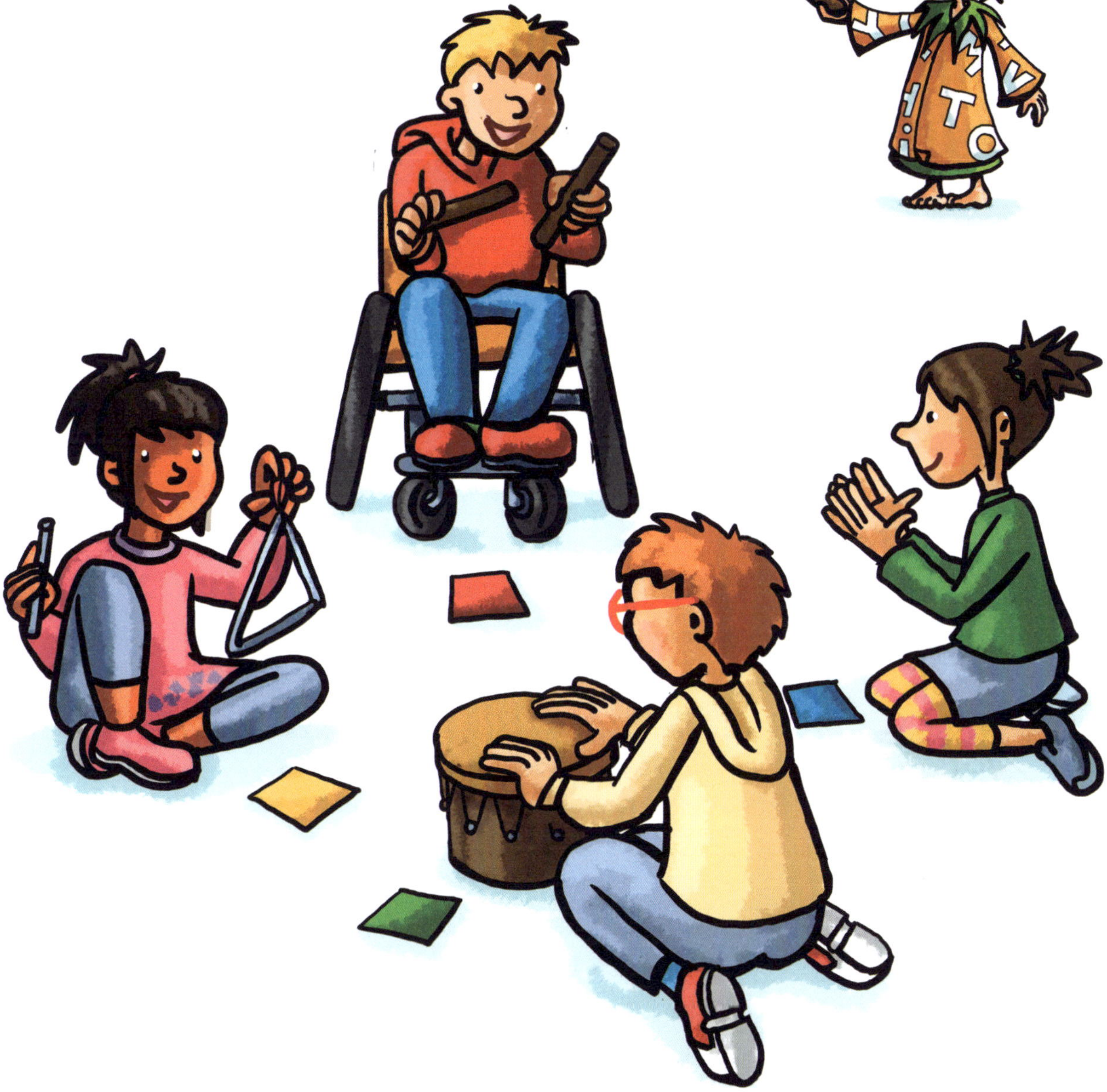

Themenheft 3
Texte planen und schreiben

Herausgegeben von: Roland Bauer, Jutta Maurach

Erarbeitet von: Katrin Baudendistel, Daniela Dreier-Kuzuhara
in Zusammenarbeit mit der Redaktion Grundschule Deutsch 2–4

Begutachtung: Astrid Dittberner (Niedersachsen), Katrin Bertram (Brandenburg),
Angelika Borrmann (Schleswig-Holstein), Claudia Hoeschen
(Schleswig-Holstein), Alexandra Mangold (Baden-Württemberg),
Julia Schäfer (Hessen), Simone Schick (Nordrhein-Westfalen),
Steffi Sternal (Sachsen)

Redaktion: Kristina Fischer, Sabine Gerber, Milena Lemke, Martina Schramm

Illustration: Yo Rühmer, Frankfurt am Main

Umschlag: Cornelia Gründer, Corngreen GmbH, Leipzig (Gestaltung);
Yo Rühmer, Frankfurt am Main (Illustration)

Layout und
technische Umsetzung: lernsatz.de

www.cornelsen.de

1. Auflage, 3. Druck 2023

Alle Drucke dieser Auflage sind inhaltlich unverändert
und können im Unterricht nebeneinander verwendet werden.

© 2023 Cornelsen Verlag GmbH, Berlin

Druck: Athesiadruck GmbH

ISBN 978-3-06-084859-1 (Themenheft 3, Leihmaterial)

PEFC-zertifiziert
Dieses Produkt
stammt aus
nachhaltig
bewirtschafteten
Wäldern

PEFC
PEFC/18-31-166   www.pefc.de